Mitología nórdica para principiantes

Descubre los apasionantes y misteriosos mitos y sagas del mundo nórdico de Edda & Co.

Viktor Kulas

✈ CONTENIDO

Qué puedes esperar de este libro

A casi todo el mundo le suenan nombres como Thor y Loki de las películas, los cómics y otros rincones del mundo mediático actual, pero ¿de dónde vienen?

De eso trata exactamente este libro. Te sumergirás durante un rato en los orígenes de estos nombres tan conocidos, en la mitología nórdica. No sólo podrás obtener una visión general de las fuentes eruditas y, si es necesario, investigarlas con más detalle tú mismo después, ya que aquí las cosas están repartidas, sino que también vagarás durante un rato por el mundo mitológico que se creó en la época precristiana. No sólo conocerás a sus habitantes, como los Aesir y seres notables como la Serpiente de Midgard, sino también algunos de los elementos centrales y mitos que dan forma a este mundo y que se han contado durante generaciones. Atrévete a explorar los distintos mundos de esta antigua mitología, que estaban conectados por el gran Árbol del Mundo, experimenta

Aprenderás sobre la historia de la creación que se contaba en aquella época y sobre el trágico final Ragnarök, que al mismo tiempo debía proporcionar un nuevo comienzo. Echa un vistazo a los viejos mitos heroicos que se transmitían de aquella época y aprende más sobre las grandes hazañas que se contaban como entretenimiento.

Puede que la mitología nórdica sea antigua y vasta, pero desaparecer en los misterios de este mundo durante un tiempo y ampliar tus horizontes en el proceso resulta mucho más fácil con la ayuda de este libro, y es de esperar que pronto se despierte tu interés para querer pasar aún más tiempo en el legendario mundo tras la breve visión general que ofrece este libro.

Un primer paso

Cualquiera que se adentre en las profundidades del mundo de las sagas nórdicas se dará cuenta rápidamente de que a menudo se entremezclan varias mitologías (y ocasionalmente aparecen motivos de otras mitologías, como la griega o la romana). Ante todo, los mitos nórdicos comprenden relatos e ideas religiosas de la región escandinava, que de por sí no era homogénea en aquella época, es decir, se caracterizaba por puntos de vista culturales divergentes.

Esto significa que detrás de las sagas nórdicas no hay una única versión de creencias, ritos y motivos religiosos, sino que cabe esperar diferencias desde el principio. Esta imagen de la mitología sólo se agrava si luego se supone también que se reflejan otras influencias europeas de la época, sobre todo germánicas. Hay algunas fuentes del área germánica que retoman la mitología de Escandinavia y, si es necesario, la modifican y adaptan.

En general, sin embargo, el mundo de las sagas nórdicas puede definirse como anterior a la cristianización de Escandinavia y basado en dos "principios fundamentales" distintos: los espíritus de la naturaleza y los dioses. Mientras que los dioses aparecían en forma humana, los espíritus de la naturaleza probablemente solían aparecer en forma animal y a menudo se asociaban con un lugar concreto de la naturaleza.

El mundo de las sagas nórdicas es una vasta construcción y es fácil perderse en él. Por ello, esta pequeña guía debería ayudarte a tener una visión general de la situación de la investigación y de los elementos individuales de este verdadero laberinto.

En el centro de la mitología hay a veces un gran fresno que se supone que mantiene unido el mundo. Yggdrasil, como se llama este fresno de gran tamaño, conecta los distintos reinos de la mitología: el mundo de los dioses Asgard, el mundo humano Midgard, que limita con el hogar de los gigantes, Jötunheim y, por último, Niflheim, el inframundo donde se encuentra el reino de los muertos. El aspecto central de este pequeño cosmos propio son los dioses y los gigantes, que son enemigos desde el principio hasta el final de los mitos y nunca abandonan su enemistad -salvo algunas excepciones- y se atacan regularmente por algo que ha ocurrido.

Sin embargo, sobre todos estos actos (a veces aparentemente bastante banales) pende amenazadoramente una gran profecía que predice el fin del mundo: el Ragnarok. Mientras los dioses hacen todo lo posible para evitar que esto ocurra, sus adversarios -en este caso no sólo los gigantes, sino también otros monstruos- intentan conjurar el fin a cualquier precio.

Muchos de los mitos se centran en las características típicas de los guerreros: valentía, sabiduría, fuerza, honor. Parecen haber sido los valores más importantes de la época y están claramente presentes en muchas de las sagas.

Pero ahora surge la pregunta: ¿Cómo sabemos aún hoy de qué se trataba y lo importante que era la mitología para la gente de entonces?

Las fuentes científicas

Desde el punto de vista arqueológico, las huellas de la mitología nórdica pueden remontarse incluso al año 1500 a.C. En este periodo ya hay los primeros indicios de cultos a la fertilidad y al sol, que se han conservado, por ejemplo, como grabados rupestres. También a finales de la Edad del Bronce, entre 1500 y 1000 a.C., se produjeron probablemente las primeras cremaciones, que pueden datarse a partir de hallazgos de urnas. La idea de las cremaciones era probablemente liberar el alma humana de su envoltura carnal y prepararla para la otra vida.

Alrededor del año 400 a.C., sin embargo, el rito funerario cambia y se entierra a personas de rango especialmente elevado en un barco con sus posesiones más valiosas. A menudo también se les entregaban monedas, lo que parece enlazar con las creencias de los griegos, que también seguían este procedimiento, con la esperanza de pagar al mítico barquero Caronte para que transportara a sus amantes difuntos al inframundo.

Por último, las primeras fuentes escritas aparecen en el periodo comprendido entre el 0 y el 100 d.C: Se han encontrado varias veces piedras votivas de soldados germánicos (es decir, ofrendas). En ellas se encuentran mensajes breves, pero algunos de ellos son difíciles de entender hoy en día, ya que presuponen un cierto conocimiento del contexto. También merece la pena mencionar en este punto a Tácito, un historiador romano que informa sobre los mitos al norte de los Alpes. Además, hay por supuesto otros escribas que registraron sus conocimientos en este periodo, y a partir de las resoluciones y leyes eclesiásticas, por ejemplo, se puede tener una idea de la práctica religiosa primitiva en el continente. Luego, en el siglo V, aparece en Lyngby, en un medallón, la primera representación de la mítica Serpiente de Midgard. La serpiente del mundo enroscándose una vez alrededor de Midgard y mordiéndose la cola se convierte en un motivo más regular desde entonces hasta el siglo XII.

En el siglo siguiente, el historiador griego Procopio informa sobre el culto a dioses y espíritus de la naturaleza en el norte, a los que los habitantes de allí sacrificaban constantemente. El dios más importante mencionado en este contexto es Tyr, que los griegos conocían como Ares -hoy se supone que Tyr podría haber sido un precursor de Odín-.

A partir del año 900 d.C. se estableció definitivamente la clase guerrera y comenzó la poesía eskáldica. En realidad, se supone que la mayoría de los mitos que se conservan hoy en día sólo surgieron durante este periodo y que sus posibles versiones predecesoras sólo se restablecieron parcialmente en los mitos registrados y, por tanto, sufrieron naturalmente algunos cambios. Desde esta época, los primeros componentes de la mitología también parecen haber llegado a Islandia, pues las sagas de este país también retoman elementos y figuras legendarias de la mitología nórdica para entretejerlos en su propio material. Por ejemplo, está el *Skírnismál, que invoca a* Odín, Thor y Frey en algunas maldiciones, o la *saga de Egils,* que también invoca a Odín, Frey y Njörd en una maldición.

Después de que la cristianización comenzara en

Dinamarca en el siglo XI y se extendiera lentamente hacia el norte, fue entonces, en el siglo XIII, cuando las obras más famosas llegaron al mundo: la Edda Antigua, la Edda Cantada y la Snorra Edda, también conocida como la Edda en Prosa, que fue escrita por Snorri Sturlurson, quien temía que los mitos nórdicos se perdieran a causa de la cristianización y, por ello, los registró por escrito.

Se basa en los otros dos Eddas y hoy en día es la fuente en la que se basan la mayoría de las suposiciones sobre mitología, pero al considerarlo no hay que olvidar que el Edda de Snorra data de una época en la que el cristianismo ya era la religión dominante en Escandinavia desde hacía dos siglos. Por tanto, no se puede descartar que las narraciones de Snorri hayan absorbido algunos elementos cristianos o, al menos, hayan estado influidas por el cristianismo, aunque no necesariamente de forma muy clara u obvia. Por no hablar de las narraciones que se basaban en hechos históricos, pero que obviamente se escribieron mucho después de los acontecimientos.

Así pues, la mayor parte de lo que hoy sabemos procede de la escritura, de los historiadores antiguos y de los artefactos arqueológicos, especialmente los exvotos. Sin embargo, muchas tradiciones escritas proceden de las clases sociales más altas y, por tanto, no ayudan a hacerse una idea clara de lo extendidas que estaban todas estas cosas en última instancia.

Pero basta de antecedentes históricos: es hora de examinar el contenido de la mitología nórdica, empezando por algunas figuras importantes.

Los habitantes mitológicos

En la mitología nórdica hay una población diversa de personas que viven en todos los mundos alrededor del árbol Yggdrasil. Están los gigantes, por ejemplo, pero también los dioses y multitud de seres mitológicos, algunos más, otros menos notables. En este capítulo conocerás a los grupos más importantes y a sus representantes más notables con un poco más de detalle, para que después estés bien informado sobre quién merodea por la inmensidad de este mundo legendario.

LOS AESIR, CREADORES DE LA HUMANIDAD

En la mitología nórdica hay dos deidades, y la más joven de las dos es la llamada Aesir. Se cree que doce de ellos habitan en Asgard, según la Edda Menor, y generalmente se les considera la más guerrera de las dos deidades; son fuertes, poderosos... pero no inmortales. Su eterna juventud sólo pende de las manzanas de cierta diosa: Idun, diosa de la juventud y la inmortalidad.

Además, los Aesir tienen otro papel especial: también se les considera los creadores de la humanidad, o mejor dicho, al menos uno de ellos, pero quizá tres (depende de si se consulta la Edda en prosa o el Volüspá). Y éste no es otro que

Odín

El Todopadre y líder de los Aesir. Se dice que Odín participó no sólo en la creación de los primeros humanos, Ask y Embla, sino también en la de la Tierra, habiendo matado una vez a la primera criatura viviente, el gigante Ymir. El padre de todos los dioses era representado a menudo como un hombre barbudo con un solo ojo -una vez dio el otro al gigante Mimir para poder ver en su lugar cosas ocultas tras beber del Pozo de la

Sabiduría en Yggdrasil-, a menudo llevaba sombrero y capa.

Siempre le acompañaban su corcel de ocho patas Sleipnir, que incluso podía volar, y sus dos cuervos: Hugin y Munin. El dúo alado era enviado por Odín al comienzo del día, y cuando regresaban por la mañana, contaban al dios todas las cosas que habían visto y oído en su vuelo por el mundo, de modo que siempre sabía lo que ocurría alrededor del árbol Yggdrasil.

Como implica su título de padre de los dioses, tuvo muchos descendientes divinos, entre ellos Thor, el dios del trueno.

> Al todopadre Odín se le suele llamar dios de la sabiduría, la curación, la muerte y la guerra, entre otros nombres como *Hrafnáss*, el dios cuervo. También se le conoce como *Wotan* o *Wodan*.

Thor

Thor también era conocido como Donar en la cultura germánica y, a diferencia de su padre Odín, no estaba llamado a ser un dios de la guerra, sino un dios del clima, aunque se decía que tenía una gran fuerza. Era el protector de Asgard y probablemente el dios nórdico más venerado. No se podía encontrar al dios sin su siempre presente martillo, Mjölnir; con él mataba gigantes y destruía montañas enteras mientras iba a la batalla con su carro tirado por dos enormes cabras. Estas dos cabras eran Tanngnjostr y Tanngrisnir.

Se decía de Thor que no se le permitía utilizar el Bifröst, sino que tenía que vadear el río cuando estaba enfadado, pues su pelo echaba chispas y generaba un espeluznante calor corporal.

Frigg

Odín engendró a sus hijos con varias mujeres -por ejemplo, Thor con la diosa de la tierra Jörd-, pero también estaba casado con una diosa, concretamente con Frigg, lo que presumiblemente la convertía en la diosa nórdica más poderosa. Frigg, a menudo llamada Frigga, era el equivalente nórdico de la diosa griega Hera. Era la diosa protectora del matrimonio, la familia y la maternidad, pero también de la fertilidad y del propio cielo. Entre sus hijos no sólo estaba Balder, sino también Bragi, Hermod y Hödur, e incluso las Valquirias.

Balder

Balder, hermanastro de Thor, era considerado un dios misericordioso, pacífico y justo; se decía que era la personificación de todo lo bueno y bello: era el dios de la luz y la pureza. Sin embargo, a pesar de estas cosas, se le conoce principalmente en la mitología por su muerte profetizada (ver: Cómo Balder fue asesinado por el muérdago).

Heimdall

Se decía que el dueño del cuerno resonante, el *Gjallarhorn*, poseía una sabiduría que, por lo demás, sólo se encontraba entre los Wanen. Heimdall era el guardián de los dioses y con sus agudos sentidos ocupaba el puesto en el puente arco iris Bifröst, que conectaba Midgard y Asgard. Se decía que sus animales sagrados eran carneros y que poseía un caballo llamado Gulltopp. Cuando sonaba su cuerno, el fin del mundo estaba al alcance de la mano y el Ragnarök era inminente.

Loki

En sentido estricto, es posible que Loki no fuera un verdadero Ase. Se le describe explícitamente como tal en las fuentes, pero debido a su ascendencia de un gigante por parte de padre, no se sabe con certeza como debería contarse (aunque entonces esto también tendría que aplicarse a Odín, porque el Todopoderoso también desciende a medias de gigantes).

Loki era hermano de sangre del Todopoderoso y una vez le regaló el caballo de ocho patas Sleipnir; ayudó a Thor a conseguir su martillo. Pero su título de dios del mal y de la travesura no era infundado: ayudó a los Aesir y a los Wanen unas cuantas veces, pero al menos con la misma frecuencia también obstaculizó sus hazañas y los traicionó. Por ejemplo, robó a Freya, luchó contra Heimdall y estuvo implicado en la muerte de Balder, por lo que finalmente fue desterrado de Asgard. Probablemente, Loki se casó varias veces o, al menos, tuvo varias aventuras amorosas. Sigyn fue probablemente su compañera más fiel, que más tarde incluso permaneció a su lado durante su castigo por los Aesir y se contagió del veneno que goteaba sobre él. Otro de sus amores fue la giganta Angrboda, con la que dio a luz a la diosa de los muertos Hel, al lobo Fenris y a la serpiente de Midgard.

LA DEIDAD MÁS ANTIGUA: LOS VANS

Además de los Aesir, también existía, por supuesto, la deidad más antigua, los llamados Wanen. En una ocasión salieron victoriosos contra los Aesir en la Guerra de Wanen, pero en realidad los Wanen eran menos belicosos que sus congéneres más jóvenes y se les consideraba dioses de la fertilidad y la prosperidad. En aquella época negociaron una paz con los Aesir y la paz regresó. Parte de esta paz negociada fueron, entre otros, el Wanen Njörd y sus dos hijos.

Njörd

Njörd fue uno de los dioses enviados como rehenes desde Wanaheim a Asgard en el transcurso de las negociaciones de paz de la Guerra de los Wans. El Wane era conocido como el dios del mar y de la navegación, era el guardián de las criaturas marinas. Por ello, su carro era tirado por dos ballenas, pero en tierra se convertían en bueyes.

Njörd estuvo casado con Skadi, pero probablemente su matrimonio fracasó debido a sus preferencias, pues él prefería el mar y ella las montañas, y ninguno quería vivir permanentemente en el hogar del otro. No obstante, engendraron a los gemelos Freya y Freyr.

Freya

La hija de Njörd también fue enviada una vez a Asgard como rehén, ella también procedía del linaje de los Wanen. Freya era la diosa del amor, la fertilidad y la belleza; también se le concedieron muchos títulos. Poseía una túnica de plumas de halcón, el *Valhamr*, un carro tirado por gatos, y el collar *Brisingamen*, que había sido forjado por enanos y otorgaba a Freya poderes mágicos.

se dice que se fortaleció. En las representaciones, a menudo llevaba escudo y lanza y vestía armadura sobre una túnica vaporosa. También montaba a menudo el jabalí de cerdas doradas Hildisvini.

Freya recibió el Palacio Folkwang, que albergaba a la mitad de todos los guerreros caídos en batalla. La otra mitad fue llevada al Valhalla, la sala de Odín.

LOS JÖTEN

Puedes adivinar lo que estás pensando ahora si ya has oído hablar de los Jöten: "¿No son éstos los gigantes? Entonces debían de ser realmente enormes". En realidad, sin embargo, su epíteto no tiene nada que ver con su tamaño físico.

Los Jöten no eran más altos que los Aesir y los Wanen; la descripción de "gigante" sólo pretendía crear una imagen temible en el receptor. Sólo existe una prueba del tamaño excesivo de un Jöten, y es la de Utgardloki, pero se trataba de una mera treta.

Los gigantes vivían en Jötunheim, su reino separado gobernado por Utgardloki, y su nombre se traduce aproximadamente como "devoradores". Son la contrapartida más antigua de los Wanen y los Asen, son el caos contrario a su orden. Tienen una fuerza sobrehumana, casi como los Aesir, y de hecho son incluso más antiguos que los Wanen.

Angrboda

Angrboda era una de las amantes o posibles esposas de Loki. Su nombre significa portadora de dolor y los Aesir estaban muy preocupados por los tres hijos de la pareja, pues los tres monstruos significaban problemas para los demás dioses simplemente por su linaje.

Ymir

Todo tiene un principio y, en el caso de la mitología nórdica, Ymir fue claramente el protagonista como primer gigante. Fue creado cuando los biomas de Muspel y Niflheim se encontraron, junto con la vaca Audhumbla, cuya leche bebió para vivir más allá de . De su sudor y de sus pies dio a luz a tres hijos antes de que Odín, Vé y Vili lo mataran y lo convirtieran en tierra. En su sangre se ahogaron todos los demás Jöten, excepto Bergelmir y su esposa, que escaparon y dieron a luz a más Jöten.

LAS NORNS DEL DESTINO

El destino y el futuro también desempeñaban un papel importante en la mitología nórdica; no es de extrañar, pues la gente sólo esperaba que el Ragnarok cayera sobre el mundo gracias a las profecías. En consecuencia, también había un pequeño grupo de damas que se ocupaban de ello: las Norns.

Las Nornas eran tres hijas descendientes de los enanos, los gigantes o los dioses; no está del todo claro. Se llamaban Skuld, Urd y Verdandi. Verdandi representaba el presente y el devenir, Urd el destino y el pasado, y Skuld el futuro y lo que debería ser: lo necesario.

Probablemente vivían en las raíces de Yggdrasil, en el manantial de Urd, la fuente del destino, y allí no sólo cuidaban de los cisnes del manantial y de las raíces del gran fresno, sino que también decidían la duración de la vida de todo ser vivo.

Wyrd aparece a menudo en relación con estos nombres. Sin embargo, diversas fuentes no permiten saber con certeza si se trata de otro nombre de Urd, de las tres Norns en su conjunto o quizá incluso de su madre.

LAS VALQUIRIAS

Mientras Freya acoge a una parte de los héroes caídos en Folkwang, como ya se ha dicho, las Valquirias se ocupan de la otra mitad y los llevan a los salones sagrados del Valhalla, sobre el que gobierna Odín. Las Valquirias son deidades menores o seres espirituales femeninos del séquito del Todopoderoso y también reciben el nombre de doncellas de escudo o doncellas de batalla.

Decidían qué héroes caían en el campo de batalla y cuáles entraban en los salones sagrados, y es posible que estuvieran estrechamente relacionadas con las Nornas. Su número varía en los relatos de tres a 27; en algunos casos se dice que podían transformarse en lobos o cuervos. En un relato se cuenta incluso que tres de ellas bajaron volando a la tierra y posaron sus alas para bañarse. Sin embargo, poco después tres hermanos les robaron las alas y mantuvieron a las valquirias como esposas durante nueve años.

CRIATURAS MITOLÓGICAS

Además de todas las entidades de aspecto humano, Midgard y los demás mundos también albergaban, por supuesto, criaturas de aspecto más animal: el espectro aquí abarcaba desde cuervos a ciervos y jabalíes, pasando por gusanos lindos y lobos gigantes.

Algunos son compañeros de los dioses notables o de sus animales sagrados, como ya has aprendido, pero no está de más echar un vistazo a los orígenes de algunos seres notables seleccionados:

Sleipnir

Ya se ha mencionado varias veces a Sleipnir: es un corcel de ocho patas que Loki regaló una vez a su hermano de sangre Odín. Pero, ¿quién es Sleipnir y de dónde procede una montura tan inusual? Sleipnir procede de la relación amorosa de Loki con el semental Svadilfari. Loki se había transformado en yegua para seducir al semental, pues éste debía ayudar a construir la muralla que rodeaba Asgard en un invierno. El constructor, un desconocido Hrimthurse (Gigante de Escarcha), habría recibido no sólo el sol y la luna como regalo por lograr este objetivo, sino también a Freya como esposa, lo que Loki impidió con tanto éxito.

El Hrimthurse se sintió traicionado y quiso matar

a los dioses, ante lo cual Thor lo mató y ellos se dieron cuenta de que habían estado tratando con un gigante.

Fenriswolf

El lobo Fenris, también conocido simplemente como Fenrir, es también uno de los vástagos de Loki y la primera cría que tuvo con Angrboda. Era un lobo de tamaño increíble y Odín lo llevó una vez a Asgard cuando era pequeño. Esperaba poder domesticarlo, pero las imaginaciones de los dioses se vieron superadas, y no en el buen sentido. La bestia se hizo enorme y más fuerte de lo que les hubiera gustado, de modo que finalmente lo encadenaron con una cadena especial, *Laeding*. Sin embargo, se liberó y lo intentaron con *Droma* y finalmente con *Gleipnir*, que se consideraba la obra irrompible de los enanos.

Fenrir sólo se había dejado encadenar cuando uno de los dioses le puso una mano en la boca, y cuando se dio cuenta de que no podía liberarse, mordió la mano del dios -en este caso Tyr- y aulló, tras lo cual le clavaron una espada en la garganta. La sangre dio origen al río Von.

El lobo pasó el resto de su vida encadenado a una roca hasta el día del Ragnarok y sólo entonces se liberó para ir a luchar contra los dioses junto a su padre Loki. Encontró su fin en esta batalla cuando el dios Vidar le partió la cabeza en dos con sus propias manos.

Se decía que *Gleipnir* era irrompible, pero irónicamente probablemente estaba hecho de cosas totalmente absurdas, como los bigotes de una mujer y la voz de un pez.

Nidhöggr

Como ya se ha mencionado, en esta mitología también existían criaturas como los lindworms o los dragones, aunque ahora los expertos seguramente debatirían largo y tendido si deben o no agruparse en un solo grupo, lo que probablemente se deba a las diferentes concepciones de todas las mitologías. Sin duda, los británicos insistirían en este punto en que los luciérnagos no son más que un wyvern sin alas, es decir, un dragón de dos patas, mientras que otro afirmaría sin duda que un monstruo sin alas no puede ser un dragón.

En el caso de Nidhöggr, según la fuente, se trata de un dragón o de una serpiente, o incluso de un dragón serpentino. El monstruo mordisqueó las raíces del árbol del mundo Yggdrasil durante siglos y comió de los cadáveres de los guerreros caídos durante el Ragnarök. Vive con otras serpientes en el manantial Hvergelmir, que alimenta todos los ríos y se encuentra en la tercera raíz del fresno, al menos según la Edda en Prosa.

> Muchos consideran que la Serpiente del Mundo es el origen del símbolo de Ouroboros, el signo del infinito, una serpiente que se muerde la cola; un ciclo constante cuyo principio condiciona el final.
>
> De hecho, la imagen más antigua se remonta a la tumba de Tutankamón alrededor del año 1330 a.C.; incluso se encontró una forma original durante la cultura Hongshan en China (4700-2900 a.C.).

Jörmungand

Podría decirse que Jörmungand es uno de los seres más centrales de toda la mitología nórdica, pues tras su nombre se esconde nada menos que la gran serpiente del mundo que abarcaba el mundo entero. Jörmungand es otro de los tres hijos de Loki y Angrboda y fue arrojado al océano primordial por Odín, donde, sin embargo, siguió creciendo hasta que pudo envolver el mundo entero.

Thor se enfrentó tres veces a ella -una durante una excursión de pesca, en la que su compañero Hymir cortó el sedal por miedo y Thor más tarde lo mató o abofeteó por ello, dependiendo de su compostura-, pero en su último encuentro, durante el Ragnarök, ambos murieron, Jörmungand por Mjölnir y Thor por el veneno de la serpiente. Se decía que la Serpiente de Midgard se mordía la cola, creando un círculo, pero que en cuanto la soltara comenzaría el Ragnarok.

Elementos centrales y mitos

El mundo nórdico ofrece al lector y al oyente curiosos una cantidad casi abrumadora de mitos individuales que, o bien combinan elementos centrales de esta mitología, o bien narran su origen o, en realidad, sólo cuentan una historia. Sin embargo, los mitos a menudo tenían algo más que un carácter narrativo; también pretendían justificar acontecimientos, como fenómenos naturales, o legitimar a los reyes de la época creando un vínculo familiar entre las grandes deidades y el rey -los reyes se distinguían como descendientes de los dioses con la ayuda de estos mitos genealógicos-.

Para que te hagas una idea de algunos mitos, en este capítulo examinaremos tanto la historia de la creación del mundo como su legendario final, el Ragnarok, así como algunos mitos intermedios.

VOLÜSPÁ - PROFECÍA DE LA VIDENTE

El Volüspá describía nada más y nada menos que la historia de la creación y el fin del mundo, es decir, el Ragnarök. También profetizaba lo que esperaba tras el fin del mundo, es decir, una nueva creación.

La profecía de la vidente comenzó con los dos mundos de Muspelheim y Niflheim y el vacío de Ginnungagap (véase *De Niflheim y Muspelheim - La historia de la creación*), habló de los dioses y los Norns y de la Guerra de los Wans antes de hablar del asesinato de *Balder* (véase *Cómo Balder fue asesinado por el muérdago*). A partir de entonces, los acontecimientos se encaminaron hacia el *Ragnarok (véase Ragnarok - El fin del mundo)*, pero incluso después de eso el mundo no estaba perdido para siempre, sino que iba a pasar a una edad de oro para los humanos y los dioses, en la que Balder y Hödur gobernaron juntos.

DE NIFLHEIM Y MUSPELHEIM - LA HISTORIA DE LA CREACIÓN

Según la mitología nórdica, la Tierra tuvo su principio cuando chocaron los dos mundos existentes, Niflheim y Muspelheim. Niflheim era un lugar de frío eterno y cubierto de hielo, mientras que Muspelheim era un lugar de calor y fuego. Originalmente, entre ellos estaba literalmente el vacío, Ginnungagap. Cuando sus ríos helados y sus nieblas ardientes se encontraron, al seguir expandiéndose el hielo de los ríos de Niflheim, nació el primer gigante, Ymir, como ya se ha dicho, que se alimentó de la leche de la vaca Audhumbla y dio a luz a otros gigantes. A su vez, Audhumbla se alimentó del hielo de Niflheim hasta que liberó al primer humano, Buri. Éste engendró un hijo con una giganta y sus hijos fueron Odín, Vili y Vé, que más tarde mató a Ymir. (A veces a estos primeros Aesir también se les llama Wodan, Hönir y Loki).

Su cuerpo sirvió entonces de base para dar forma a la tierra. De su cráneo formaron el cielo y de sus cejas el mundo del hombre, Midgard. Su carne se convirtió en el suelo, sus huesos en las montañas y su pelo en los árboles. Mientras, su cerebro se convirtió en las nubes y su sangre en el mar que rodea Midgard. Además, los enanos también procedían del cuerpo de Ymir.

YGGDRASIL - ÁRBOL DEL MUNDO, CONEXIÓN, HOGAR

Yggdrasil es el fresno gigante que se alza en el centro de este mundo mitológico. También se le llama Árbol del Mundo o Fresno del Mundo y es la encarnación de todo el cosmos. Es un árbol inmenso de hoja perenne cuyas tres raíces principales abrazan y conectan a los humanos, los gigantes de escarcha y el inframundo, de modo que el cielo, la tierra y el inframundo están siempre conectados. Sus raíces han sido devoradas permanentemente por el dragón Nidhöggr y sus brotes por los ciervos Dain, Dvalin, Duneyr y Durathor para forzar el colapso del mundo.

Bajo el fresno hay no menos de nueve grandes reinos, que se consideran el hogar de distintas razas. No todos ellos están estrictamente separados entre sí: Wanaheim y Álfheimr están igualmente situados en Asgard, del mismo modo que los tres pueden considerarse reinos individuales. Del mismo modo, a menudo se considera que Helheim es sólo una parte concreta de Niflheim. También aparece ocasionalmente en los propios mitos. Un relato, por ejemplo, cuenta cómo

Odín se sentó en el fresno durante nueve días en un intento de adquirir sabiduría; otro cuenta cómo una vez Idun se cayó de sus ramas debido a un desmayo y tuvo que ser rescatada por su marido, el cantante divino Bragi. Traumatizada por sus experiencias, Idun permanece pálida y llorosa durante mucho tiempo después.

Asgard, Vanaheim y Álfheimr

Asgard era la fortaleza de los Aesir, la sede de los dioses. Se hallaba justo debajo del gran fresno, y además de los palacios y salones de los dioses, allí se encontraban Folkwang y Valhalla, los lugares de reunión de los caídos honorables. El Reino de los Cielos también contenía Wanaheim, el hogar de los pacíficos Wanen.

Álfheimr también se conocía como Nibelheim o Albenheim y era el hogar de los elfos "buenos" y justos, los Alves de la Luz. Se dice que estaba situado directamente entre el cielo y la tierra, es decir, entre Asgard y Midgard, y que estaba gobernado por el dios Freyr. Se dice que las mariposas, los pájaros y las flores procedían de allí, y que los anillos en la hierba que podían divisarse con las danzas de los Albs traían suerte o muerte a quien se quedara allí.

Midgard, Svartálfheimr y Jötunheim

Midgard era el hogar del pueblo y también se conocía como el Mundo Medio. Estaba rodeado por un gran océano, por lo que Midgard podía considerarse una especie de isla conectada a Asgard por el puente arco iris Bifröst y bajo la protección de los dioses. La serpiente de Midgard, Jörmungand, habitaba en el vasto océano.

Al otro lado del océano se encontraba Jötunheim y en ella la capital Utgard. Era la tierra de los gigantes de escarcha y los monstruos, los enemigos de los dioses.

Svartálfheimr, o Casa de los Alfos Negros, era el lugar donde vivían los alfos negros y los espíritus de la naturaleza; también servía de refugio subterráneo a los enanos. En la Edda en prosa de Snorri, sin embargo, los enanos y los alfos negros parecen titular a los mismos seres y ser la contrapartida de los alfos de la luz -tanto los alfos negros como Svartálfheimr se encuentran también sólo en esta versión y, por tanto, posiblemente formen parte de la mitología que el propio Snorri añadió en su día.

Niflheim, Muspelheim y Helheim

Niflheim era el reino del hielo eterno en el norte. Fue uno de los dos mundos originales de los que surgieron el resto de los nueve reinos y forma parte del inframundo de la mitología nórdica. La escarcha, el hielo y la niebla son típicos de este reino.

En Niflheim se encuentra Helheim, o simplemente Hel, el palacio que pertenece a la diosa homónima de los muertos. Allí reinan la oscuridad y el frío, y el lugar está custodiado por el sabueso infernal Garm. La propia diosa de los muertos Hel era mitad una hermosa mujer de carne y hueso, mitad meros huesos, lo que probablemente pretendía ser un símbolo de la fugacidad de la vida. Se dice que en su reino era incluso más fuerte que Odín.

Muspelheim era el segundo de los dos mundos originales y estaba situado en el norte. Era un reino de calor, llamas y fuego primordial interminable. Allí gobernaba el gigante de fuego Sutr, al que se suele equiparar con Loki. En realidad, los gigantes de fuego sólo aparecen en la mitología cuando se produce el Ragnarok y los terremotos les permiten escapar de su propio mundo.

VALHALLA

El Valhalla o Valhala tuvo gran relevancia en la mitología nórdica. Era una sala o palacio en Asgard que estaba bajo la supervisión de Odín. Era donde se reunían los guerreros especialmente valientes después de caer en el campo de batalla. Los cerca de 800 guerreros se entrenaban allí todos los días y, cuando morían, resucitaban en la sala por la noche. Esperaban para luchar junto a los dioses en cuanto se acercaba el día del Ragnarok.

Se decía que el Valhalla tenía 540 grandes puertas y paredes hechas de lanzas resplandecientes. Se decía que el techo estaba hecho de escudos dorados.

Sin embargo, se dice que, una vez finalizado el Ragnarök, la sala dejó de existir.

CÓMO EL MUÉRDAGO MATÓ A BALDER

El mito que rodea la muerte de Balder es probablemente lo que hace más famosos a los Aesir. Puesto que era tan increíblemente popular por su carácter misericordioso y puro, y su madre, Frigg, le protegía tanto más cuanto que era la diosa protectora de la familia, no es de extrañar que hiciera todo lo posible por proteger a su hijo.

Balder sueña una noche con un gran peligro que debería afectarle y se lo cuenta a su madre, tras lo cual Frigg recorre el mundo y recoge el juramento de toda criatura viviente y objeto existente de no dañar o incluso matar a su hijo. Sin embargo, se olvidó de una planta joven de aspecto inofensivo.

Fue el muérdago lo que acabó convirtiéndose también en la perdición de los Aesir. Un día, Loki convenció a Hödur, el hermano ciego de Balder, para que le arrojara algo, como ya habían hecho los demás dioses por diversión. Éste accedió y Loki le entregó una ramita de muérdago, que mató a Balder al instante.

Odín aún susurraba algo sobre el renacimiento a su hijo muerto, pues según la profecía Balder debía regresar al reino de los vivos tras el Ragnarök, y su otro hermano Hermod viajó mientras tanto a Niflheim para pedir a Hel que le dejara marchar antes de tiempo. La diosa de los muertos exigió que todos le lloraran, todas las criaturas del mundo, y Hermod hizo todo lo posible por cumplir su exigencia, pero fracasó a causa de la giganta Thok, que se negó a derramar una sola lágrima. (Se rumorea que Thok era Loki.) Así que el Ase regresó a Hel sin éxito y ella sólo le permitió devolver el anillo de Balder, *Draupnir, a* su padre.

MANZANAS DORADAS DE IDUN

Idun -o Iduna- era conocida como la diosa de la inmortalidad y la juventud. Poseía una cesta mágica que siempre estaba llena de manzanas doradas, cuya cantidad se renovaba constantemente. Estas manzanas desempeñaban un papel importante en la mitología nórdica, porque eran la razón por la que los dioses no envejecían y permanecían eternamente jóvenes -y eran básicamente inmortales si no caían en batalla.

El motivo de las manzanas doradas se basa probablemente en el cuento griego del Jardín de las Hespérides, en el que se suponía que Hércules recogía manzanas doradas del árbol de Hera.

THOR Y SU MARTILLO

Su martillo Mjölnir siempre fue sagrado para el dios del trueno Thor. Por consiguiente, no había duda de que debía recuperarlo cuando una vez se lo robó el gigante Thrym. Thrym era el rey de Jötunheim y exigió a cambio del martillo que le entregaran a la bella Freya como esposa. Pero ella se negó a dejar a su marido por el gigante, por lo que se necesitó otro plan. Junto con Loki, Thor decidió vestirse de novia -Loki se vistió a su vez de dama de honor- y viajó a Jötunheim para casarse con el gigante.

Thrym sacó Mjölnir en la boda para bendecir con él su matrimonio -su martillo era muy capaz de hacerlo, ya que Thor no sólo era un dios del tiempo, sino también de la fertilidad, y su arma estaba dotada de las bendiciones correspondientes-.

Thor, sin embargo, no dejó que llegara mucho más lejos y se apoderó del martillo para matar posteriormente a todos los gigantes presentes.

LOKI - GIGANTE, PADRE, EMBAUCADOR

Como ya se señaló en el capítulo anterior, Loki siempre fue una auténtica cornucopia de trucos y bromas, la mayoría de las cuales eran cualquier cosa menos divertidas. Cambiaba regularmente de bando con sus acciones, a veces ayudando a los gigantes, a veces a los Aesir; a veces entorpeciendo a los Aesir, a veces a los gigantes. Amaba el caos y sembraba problemas allá donde iba, aunque sus intenciones no eran necesariamente maliciosas.

Como es bien sabido, también fue el padre de los tres mayores "males" de la mitología nórdica, que se convirtieron en los principales enemigos de los dioses junto con los gigantes.

Hay muchas historias en las que Loki tuvo algo que ver. Por ejemplo, una vez engañó a Idun para que abandonara Asgard con él, lo que acabó con ella secuestrada por el gigante de las tormentas Thiazi. Thiazi había mantenido cautivo a Loki en el aire como un águila y sólo había prometido dejarle marchar a cambio de la diosa de la juventud y sus manzanas.

Los dioses no tardaron en darse cuenta de que volvían a envejecer y descubrieron a quién tenían que agradecer el mal. Inmediatamente enviaron a Loki a recuperar a Idun, y éste utilizó la túnica de halcón de Freya para volar hasta Thrymheim, donde vivía el gigante de las tormentas. Una vez allí, convirtió a Idun en una nuez -o en una golondrina, según el escenario- y la llevó de vuelta a Asgard.

Una vez probablemente también se convirtió en pulga y se escondió en la cama de Freya para robarle el collar mágico Brisingamen. Sin embargo, mientras seguía huyendo, Heimdall le descubrió y lucharon bajo distintas apariencias hasta que Heimdall venció y pudo devolverle el collar.

En otra historia, robó los hilos de oro a Sif, la esposa de Thor, y éste se enfureció tanto que casi estrangula al dios de las travesuras cuando se apoderó de él. Exigió a Loki que le devolviera las hebras y restaurara con ellas la belleza de su esposa. Entonces Loki pidió ayuda al enano Dvalin y éste fabricó un sustituto con hilos de oro, que probablemente acabó haciendo a Sif aún más bella de lo que era antes.

Por supuesto, luego vino la artimaña que condujo a la muerte de Balder (ver *Cómo Balder fue asesinado por el muérdago*), lo que selló su destino y aseguró su destierro de Asgard. La siguiente vez que se encontró con los dioses y volvió a causar problemas -mató a uno de los sirvientes del dios del mar Aegir en una fiesta ofrecida para los dioses por el gigante Aegir-, encontró su castigo. Primero intentó escapar y se escondió en forma de salmón en el fondo del río Fraananger, pero los dioses lo pescaron expresamente con una red y Thor lo atrapó cuando saltó fuera del agua desesperado.

Los dioses ataron a Loki (en su forma normal) con las entrañas de su difunto hijo Narfi, que había sido asesinado por su hermano Vali en forma de lobo. Transformaron las entrañas en cadenas de metal y colgaron una serpiente sobre su cabeza, cuyo veneno goteaba permanentemente sobre su rostro.

RAGNAROK - EL FIN DEL MUNDO

El Ragnarok tiene muchos nombres diferentes: El fin del mundo, el crepúsculo de los dioses, el fin del mundo... Pero todos significan lo mismo: Se trata de la batalla final entre los gigantes y los dioses. Aquí se profetizó que los dioses perderían ante sus oponentes, liderados por Loki.

El Ragnarök comenzó con el llamado Fimbulwinter, un invierno de tres o siete años tras el cual los lobos Hati, Managarm y Skoll se tragaron "por fin" el sol y la luna tras su eterna caza y Nidhöggr royó "por fin" las raíces del fresno. Heimdall hizo sonar el cuerno de Gjallar y anunció el fin. La oscuridad cayó sobre los reinos e Yggdrasil se estremeció, tras lo cual los gigantes de fuego, por ejemplo, pudieron abandonar su reino, permitiendo a su líder Sutr prender fuego a los reinos con su espada. \

Mientras la Serpiente de Midgard ahora también surgía del océano, creando inundaciones y esparciendo su veneno, tanto Loki como su vástago Fenrir se liberaron de sus ataduras. Loki se hizo cargo de las fuerzas muertas de Helheim junto a su hija Hel. Los gigantes de Muspel- y Jötunheim junto con Loki, Hel y Nidhöggr invadieron Asgard a través de Bifröst y derrotaron a los dioses.

Fenrir se comió a Odín antes de que Vidar lo matara, Loki y Heimdall se mataron mutuamente, Thor mató a Jörmungand pero recibió demasiado del veneno de la serpiente y murió él mismo poco después. Finalmente, Sutr prendió fuego a todo y el mundo se hundió para siempre.

Sin embargo, como se había profetizado, algunos sobrevivieron a la calamidad. Una mujer y un hombre -Lifthrasir y Lif-, así como Vali y Vidar, dos hijos de Odín, y los hijos de Thor Magni y Modi, que tomaron prestado de las cenizas su martillo Mjölnir. Al final, también llegó el momento de que Balder volviera a caminar entre los vivos, y el dios de la luz perdonó a su hermano Höder, el dios de la oscuridad, por haberle matado una vez.

Con ellos comenzó una nueva era.

Mitos de héroes conocidos

Además de todos estos mitos generales conocidos y menos conocidos, no hay que olvidar, por supuesto, otra categoría: los mitos de los héroes.

También fueron fundamentales en la mitología nórdica, y hay muchas historias conocidas que antaño se difundían principalmente de forma oral. Los mitos heroicos son importantes para el pueblo; hacían que los relatos legendarios resultaran aún más tangibles para los oyentes de la época. Los héroes de la historia solían estar emparentados con las divinidades, pero su historia se desarrollaba en un escenario mucho más tangible para el pueblo, a pesar de las ocasionales criaturas mitológicas, como los gusanos de lima, que hacían travesuras. Su objetivo era entretener y transmitir valores como la valentía, por lo que resultaba difícil imaginárselos sin ellos.

La lista de mitos heroicos nórdicos supervivientes no es menos larga que la de los demás mitos, por lo que aquí nos centraremos sólo en dos de los más largos y conocidos: el mito de Beowulf y la Saga de los Nibelungos.

BEOWULF

La epopeya de Beowulf sobrevive hoy en día en un solo manuscrito y data probablemente del siglo VIII, mientras que la acción propiamente dicha tiene lugar en Escandinavia antes del siglo VII.

La historia del héroe Beowulf trata de tres importantes batallas: la primera contra un Grendel, luego contra la madre del Grendel y finalmente contra un dragón. Lo más probable es que el joven héroe pertenezca a un pueblo germánico del norte de lo que entonces era Suecia, y en la epopeya viaja a Dinamarca, acompañado de 14 compañeros, donde reina el rey Hrothgar. Hizo construir el gran salón de Heorot, donde se celebraban muchas fiestas con cantos, hasta que un día Grendel invade el salón. Grendel es un monstruo parecido a un troll con poderes sobrehumanos que también se parece a los Jöten, o incluso es uno de ellos.

El monstruo vivía pacíficamente en su cueva hasta que se construyó cerca del páramo la gran sala del hidromiel, que lo perturbó con el ruido y la algarabía constantes de las fiestas de bebida y los festines. Durante una docena de años Grendel rondó la sala, matando a la gente sin poder tocar nunca el trono del rey Hrothgar, pues estaba protegido por los dioses.

Hrothgar y los suyos huyen de Heorot en algún momento, hasta que Beowulf se entera de ello en Gautlandia. Éste busca a su propio rey y tío Hygelac para pedirle ayuda antes de partir. Cuando llega allí y presenta su plan a Hrothgar, éste se muestra agradecido, pero uno de sus hombres, Unferth, está descontento. Le enfada que alguien se crea más audaz que él y piensa que el guerrero está loco por querer ir a esta lucha sin armas, y le dice que ha oído hablar de un duelo a nado entre Beowulf y Breca, que se supone que Beowulf perdió. Pero Beowulf le corrige con calma que Breca y él habían nadado juntos durante cinco días antes de separarse y ser atacados por un monstruo marino, al que había matado con la espada que llevaba consigo, mientras le protegía su cota de malla. Después tuvo que matar a varias bestias más, nos dice, antes de acusar a Unferth de que corren rumores de que es un fratricida.

Hrothgar se muestra confiado y lo celebran antes de que se haga tarde y comience el plan. Beowulf y sus hombres duermen en la sala desierta y Grendel emerge como se esperaba, devorando incluso a uno de los hombres de Beowulf. Beowulf se levanta de su sueño fingido y le agarra la mano. Lucha y forcejea tan ferozmente con el monstruo que sus hombres temen que la sala se derrumbe.

Preocupados, quieren apuñalar a Grendel con sus armas, pero su piel es impenetrable y la decisión de Beowulf contra un arma y una supuesta ventaja sobre un hombre desarmado da sus frutos. El joven héroe arranca el brazo derecho de Grendel y triunfa mientras Grendel huye malherido hacia los pantanos. Grendel muere en su cueva mientras su brazo se exhibe como trofeo ante la sala. Sin embargo, cuando la madre de Grendel, una sirena, se entera de la tragedia, se dispone a vengarse.

Hrothgar, sus seguidores y el grupo de Beowulf lo celebran y duermen esa noche en la sala recuperada, pero entonces ataca la madre de Grendel. El mejor luchador de Hrothgar muere y el rey ataca junto con Beowulf y sus hombres. Persiguen a la sirena hasta su guarida y, mientras se preparan para luchar, Beowulf recibe la espada *Hrunting* del guerrero Unferth como disculpa por haber dudado del héroe. Beowulf sigue negociando con Hrothgar cómo tratar a sus propios hombres en caso de que muera, y entonces desciende al lago.

La madre de Grendel le ataca inmediatamente, pero no puede herirle debido a su armadura y, en cambio, le arrastra al fondo del lago. Allí hay una cueva en la que no sólo aguarda el cadáver de Grendel, sino también los restos de los cadáveres de los que ambos fueron culpables.

Se intensifica en una acalorada batalla, que la madre de Grendel parece estar ganando, hasta que Beowulf arroja con rabia su espada inútil y saca una mágica del tesoro de la sirena, mientras su armadura le salva una y otra vez. La nueva espada decapita inmediatamente a la madre de Grendel, pero la hoja se funde al contacto con la sangre venenosa del monstruo. Beowulf no coge más que la vaina de la espada restante y la cabeza de Grendel para volver a subir de la cueva, donde es recompensado ricamente por Hrothgar, ante todo con la espada *Naegling,* que procede de su propia herencia familiar.

Sin embargo, cuando Hrothgar ve la vaina de la espada mágica de camino a casa, a Heorot, amonesta severamente a Beowulf para que tenga cuidado con el orgullo. Le aconseja que recompense siempre a sus seguidores.

Beowulf viaja entonces de vuelta a su patria y deja los regalos del rey Hrothgar a su tío y rey, que le da a cambio sus propios bienes y un título de príncipe.

Pasan al menos 50 años antes de que continúe la historia de Beowulf. Mientras tanto, se ha convertido en rey de su pueblo cuando Hygelac y su hijo murieron en sendas batallas. Nadie se atrevió a atacar su tierra durante su reinado, por lo que su pueblo vivió en paz durante mucho tiempo mientras el rey envejecía lentamente. Pero un día, un esclavo roba a un dragón sin nombre para apaciguar a su amo con los bienes robados. Roba una copa de oro, que no hace más que divertir al dragón cuando se da cuenta de que le falta algo. Se enfurece y sale de su cueva para sumergir todo lo que ve en un mar de llamas.

Beowulf y sus hombres van a detenerlo, pero el héroe quiere enfrentarse solo a la bestia. Les ordena que esperen fuera de la cueva y desciende a ella, pero le coge por sorpresa. Sus guerreros ven lo que le ocurre y se asustan. Presas del pánico, huyen al bosque, excepto uno.

Es un pariente de Beowulf, Wiglaf, quien, en lugar de huir, se lanza a la batalla para ayudarle. Quiere cumplir su juramento y ayudar a su rey. Juntos consiguen matar al dragón, pero para el rey cualquier ayuda llega demasiado tarde. Fue herido mortalmente por una mordedura durante la batalla.

Beowulf pide un último deseo para Wiglaf y manda construir su tumba en un acantilado sobre el mar para que los marineros puedan verla desde lejos. Deja atrás un pueblo dominado por el dolor. Su futuro parece totalmente sombrío, todo apunta a un fin inminente de su pueblo, pues ahora temen que los demás pueblos les ataquen en cuanto se enteren del fin de Beowulf.

LA SAGA DE LOS NIBELUNGOS

La saga de los Nibelungos es más conocida hoy en día por muchos como el Nibelungenlied en alemán, pero en realidad la saga de los Nibelungos existe en muchas versiones diferentes, algunas muy distintas entre sí, que aparecen en diversas sagas heroicas como la

Thidrekssaga y la Edda.

La saga de Thidrek y la versión del Nibelungenlied serán el centro de este capítulo.

En la saga de Thidrek, la (sub)historia correspondiente comienza con Sigurd convertido en "héroe" y en uno de los personajes principales de la narración. También hay muchas versiones diferentes de los antecedentes de Sigurd; en este caso, su madre ha sido acusada de infidelidad por su marido, el rey Sigmund, y Sigurd, entonces todavía un niño pequeño, es abandonado en un río y finalmente cuidado por una cierva hasta que un herrero llamado Mimir lo encuentra en el bosque. Mimir cría al niño, pero éste desarrolla rápidamente una fuerza sobrehumana y lucha con los sirvientes del herrero, destrozando su yunque con un martillo. Entonces Mimir pide ayuda a su hermano Regin, que es poderoso en magia. Aquí también se notan las diferentes versiones, porque los personajes de Regin y Mimir se solapan en parte y el hermano que finalmente se convierte en dragón no es Regin, sino Fafnir -si conoces la saga de Sigfrido, el matadragones, probablemente te resulte más familiar el nombre de Fafnir-.

Entonces Mimir pide a su hermano Regin que mate a Sigurd porque le tiene miedo, y Regin se convierte en dragón y espera en el bosque. Sin embargo, cuando Sigurd llega al bosque, pues Mimir le había enviado allí para quemar carbón, se encuentra con el dragón y lo mata con la ayuda de un árbol y su hacha. El acto le da hambre, así que decide asar la carne del dragón, pero en el proceso se quema un dedo y se lo mete en la boca por acto reflejo. De repente puede entender a los pájaros de un árbol, que saben de la traición de Mimir y están hablando de ello.

Sigurd no tarda mucho en darse cuenta de que la culpa debe de ser de la sangre del dragón, cuando descubre que la piel de su dedo se ha puesto cachonda. Sin más dilación, se cubre de pies a cabeza con la sangre, pero no llega a un punto entre los hombros que más tarde se convertirá en su talón de Aquiles.

Sigurd regresa ante Mimir y lo mata, aunque le da equipo de calidad y le promete un caballo de la granja de Brynhild, que es conocida por criar los mejores caballos. Sigurd parte hacia su castillo y conoce a la señora del castillo, que por alguna razón lo sabe todo sobre él -incluso quiénes son sus padres- y le regala su mejor caballo. Con estos regalos, el muchacho se traslada a la Tierra de Bertanga y se convierte en portaestandarte del rey Isung.

Más tarde, durante un banquete en la corte del rey Thidrek, los miembros de la familia de los Nibelungos

(también Niflungos) deciden retar a duelo al rey Isung
y a sus hijos. Así pues, Sigurd se enfrenta también a los
Niflungos Gunnar, Hogni y Gernoz, que están presentes; acaba luchando contra Thidrek, cuya victoria, sin
embargo, reconoce voluntariamente tras darse cuenta
de que ha sido burlado. Se une al séquito de Thidrek, lo
que significa la siguiente etapa de su viaje: ahora se
traslada a la tierra de los Niflungos, donde conoce y se
casa con Grimhild, que es hermana de Gunnar y Hogni.
Durante su boda, Sigurd le habla a Gunnar de la mujer
más bella del mundo, Brynhild, y ambos viajan juntos
con Thidrek y Hogni a su corte en Seegard. Brynhild
acepta casarse con Gunnar, presumiblemente porque
está enfadada con Sigurd después de que éste la dejara
plantada como esposa prometida (aunque en ninguna
versión aparece el compromiso matrimonial).

Brynhild, como Sigurd, es antinaturalmente fuerte
mientras no la hayan desflorado -algunas versiones
cuentan que se supone que es una valquiria a la que
Odín castigó por no llevarle al Valhalla los guerreros
adecuados-. Así que, con su fuerza aterradora, cuelga a
Gunnar de un clavo de la pared no sólo en su noche de
bodas, sino varias noches seguidas, hasta que su (aún
no) marido se queja a Sigurd, que promete a su amigo
ayudarle. El héroe utiliza entonces la protección de la

oscuridad, se cuela en su cámara y la desflora para su amigo, con lo que ella pierde sus poderes.

Transcurre un largo periodo durante el cual el reino de los Nibelungos florece bajo Sigurd. La próxima crisis se acerca cuando Brynhild exige que se permita a Grimhild subir sola al alto sitial del salón, lo que molesta a Grimhild porque se considera igual a la otra reina y el sitial pertenece a su madre. Brynhild se enfurece y le echa en cara que su marido había corrido detrás de una cierva, ante lo cual Grimilda le cuenta avergonzada que ni siquiera su propio marido la había desflorado, sino Sigurd:

Le muestra el anillo que Sigurd le arrebató una vez como confirmación. Brynhild ya había sospechado algo parecido y exige la muerte de Sigurd, pero sólo porque había involucrado a Grimhild en esta desgracia. Incita a los Niflungos contra él y su creciente poder, afirmando que les arrebatará el poder. Así ocurre que Hogni le clava una lanza entre los omóplatos mientras caza, mientras Sigurd bebe en un arroyo: Sigurd muere.

Tras la muerte de Sigurd, Grimilda cree saber quién mató a su marido, pero no consigue encontrar ninguna prueba segura; ni siquiera cuando celebra un supuesto juicio Bahr, ya que Gunnar jura que Hogni no es el responsable. Grimilda se hunde en su dolor, mientras que Brynhild se convierte en una especie de contraparte de ella como soberana orgullosa. Grimilda, mientras tanto, empieza a tramar su venganza y contrata guerreros extranjeros con la ayuda de su don de la mañana, que aún conserva de su matrimonio con Sigurd.

Cuando 13 años después el rey Atila le pide que se case con él, ella se niega en un principio porque todavía está demasiado de luto y quiere seguir haciéndolo. Pero sus hermanos le aconsejan que se case con el hombre actualmente más poderoso del mundo, aparte de Hogni, que presiente problemas. Pero demasiado tarde, los dos se casan y Grimhild le da un hijo.

Al cabo de otros trece años, Atila consigue que celebre un banquete con sus hermanos y Hogni, quien, por supuesto, sospecha que es una trampa, pero acude de todos modos, ya que Hogni probablemente había sido rehén en la corte de Atila en el pasado y no quería parecer un cobarde ahora. Por el camino, les cuentan una profecía que predice su perdición; Hogni hace todo lo posible para que no surta efecto, pero parece inevitable. Esta circunstancia no se ve favorecida cuando el rey Thidrek, que ha sido expulsado de su propio reino, sale a su encuentro e informa de que Grimhild sigue llorando por Sigurd todos los días.

Cuando llegan a la corte, Hogni se burla de ellos y se niega a deponer las armas, por lo que Grimilda intenta sin éxito incitar a algunos de los guerreros de Atila contra los niflungos y conseguir que luchen. Atila, mientras tanto, sigue sin sospechar nada, pero el insulto de la negativa le deja frío; deja clara su supremacía haciéndoles esperar largo rato en el patio.

Al día siguiente, Grimilda intenta incitar al hermano de Atila con regalos para que mate a Hogni, pero éste se niega. Lo mismo hacen sus hermanos cuando ella intenta que den la espalda a Hogni. Sin embargo, poco después, el hermano de Atila reta a combate singular al hermano de Hogni, que gana el combate y se abre paso entre una multitud de hunos furiosos para informar a su hermano. Hogni se enfurece y mata al hijo de Grimhild, iniciando así definitivamente la guerra.

Con la ayuda de Thidrek, Grimhild y Atila escapan de la sala, pero los héroes restantes van cayendo poco a poco víctimas de la lucha. Rodingeir, el antiguo cortejador que entregó en su día la oferta de Atila a Grimilda, y cuya hija estaba prometida a Gislher -lo que le convertía ahora en deudor de ambos bandos-, se convierte en el eje de la batalla. Opta por la lealtad y el deber, pero aun así entrega su escudo a Hogni, permaneciendo así leal a ambos bandos. Las tropas de Hogni abandonan entonces a los hombres de Rudiger, pero las de Gernoz no, y él y Rodingeir se matan mutuamente.

La muerte de Rodingeir golpea duramente a los hunos. Thidrek envía a su viejo armero a recuperar el cadáver, pero, contrariamente a su petición, le acompañan algunos jóvenes guerreros que no soportan las burlas subsiguientes de que son cobardes por pedir en lugar de luchar y se precipitan a la batalla. Tras este combate, sólo quedan Gunnar, Hogni y el maestro de armas, que cuenta a Thidrek lo sucedido. Thidrek se aflige, pero igualmente la pérdida le hace valiente y exige justicia a los Niflungos restantes; incluso se daría por satisfecho si se rindieran.

Hogni se niega. Thidrek lucha entonces contra ambos y Hogni resulta gravemente herido. Le pide a Thidrek una última noche con una mujer, a la que a la mañana siguiente le dice que llame Aldrian al hijo que ha concebido y que un día le dé la llave de la bodega de Sigurd.

Mientras tanto, Atila arroja a Gunnar a un pozo de serpientes y Grimilda mata a su último hermano, Gislher, que también está malherido, con un tronco ardiendo que le clava en la garganta. Los hunos se escandalizan de su diabólica acción y el propio Atila exige su muerte. El tiempo pasa y un día el hambriento de oro Atila también encuentra su destino a manos del hijo de Hognis.

El Nibelungenlied trata algunas secciones de forma diferente a la saga de Thidrek. Por no hablar de los nombres cambiados (Krimilda, Sigfrido, Gunther, Hagen, ...), probablemente lo más destacable es que Brynhild/Brünhild es burlada dos veces en esa versión, pues Gunnar/Gunther también tiene que derrotarla en varias contiendas, lo que sólo consigue porque Sigurd/Sigfrido ocupa su lugar. Su desfloramiento también sólo tiene lugar con la ayuda de un manto de invisibilidad. En esta versión, Sigurd también sólo consigue a Grimilda como esposa si logra ayudar a Gunnar a cortejar a Brynhild.

Lo que también es importante de esta versión es que Grimilda ayuda a regañadientes a marcar de antemano el punto débil de Sigurd y el punto se marca después con una cruz de tela.

Otro cambio importante también afecta a la última batalla con Thidrek/Dietrich. Éste captura a Gunnar y Hogni/Hagen y los entrega a Grimhild después de que se nieguen a rendirse ante él. Deja la decisión en manos de Grimhild y ésta ofrece a Hogni la posibilidad de que le diga dónde está el tesoro de Sigurd y ella, que Hogni le robó una vez y hundió en el río. Hogni se niega; no hablaría mientras uno de sus señores siguiera en pie. Entonces Grimilda manda decapitar a Gunnar y le enseña la cabeza, pero él sigue negándose. Grimhilda se enfurece y desenvaina su espada, que una vez robó del cadáver de Sigurd, y le corta la cabeza.

Atila/Etzel se escandaliza por su acto, ya que como mujer había matado a un héroe, e Hildebrand, el maestro de armas de Thidrek, se enfurece tanto que mata a Grimhild. Hildebrand, Atila y Thidrek son, pues, los únicos que sobreviven al suceso en esta versión, y el tesoro de los nibelungos, que una vez perteneció a Sigurd y luego sirvió como dote y recursos financieros de Grimhilda, permanece perdido para siempre.

Una "Bahrprobe" era una antigua superstición según la cual las heridas del difunto empezaban a sangrar de nuevo cuando su asesino se acercaba al féretro.

El final de un viaje - Palabras finales

Así pues, hemos llegado al final de este corto viaje literario y de ningún modo se han contado todas las historias. Todavía quedan algunos relatos de héroes nórdicos y algunos más de los dioses a los que Loki volvió a llevar de las narices o mató a unos cuantos gigantes, incluso más historias en torno a los habitantes no mencionados aquí o sólo mencionados brevemente, como el sabueso infernal Garm o el lobo Skoll y sus compañeros que cazaron al sol y a la luna durante toda su vida. No cabe duda de que iría más allá del alcance y perdería el sentido de una breve guía tratar de incluirlo todo, por no mencionar que es difícil de todos modos, ya que las versiones de las historias suelen diferir mucho, o al menos en sus detalles. Una vez que la excursión de pesca de Thor es interrumpida por el gigante Hymir, una vez que el dios del trueno puede golpear con su martillo en la cabeza a la gran serpiente de Midgard. Una vez se habla de Freya, otra de Frigg. Una vez Loki es un Ase, pero luego un gigante.

Este fenómeno recorre la mayoría de las narraciones y al final sólo puedes dejarte aconsejar: Lee tantas versiones como sea posible. Las partes que coincidan pertenecerán sin duda al mito en cuestión, y las que difieran habrá que examinarlas de forma especialmente crítica.

Aparte de eso, incluso con la popular y muy citada Snorra-Edda, no hay que perder de vista cuándo se escribió. Puede que se escribiera para plasmar el mundo de la saga nórdica con la mayor fidelidad posible para el resto de los tiempos, pero probablemente nunca será posible aclarar si realmente fue así. No sólo por la distancia temporal respecto a las narraciones de inspiración histórica, sino también por las influencias cristianas bajo las que ya se encontraba Snorri Sturluson.

No pierdas de vista estos aspectos y ojalá sigas aprendiendo cosas nuevas sobre la mitología nórdica y nunca dejes de aprender, si ahora se despierta tu interés.

¡Que los viejos dioses velen por ti!

Literatura

• Coleman, J. A.: El Diccionario de Mitología. Una A-Z de Temas, Leyendas y Héroes. Londres, 2019.

• De Vries, J.: Heldenlied und Heldensage. Berna, 1961.

• Ellmers, D: Las citas arqueológicas de la historia religiosa alemana. En: Beck, H.; Ellmers, D.; Schier, K. (eds.): Germanische Religionsgeschichte. Fuentes y problemas de fuentes. Berlín, 1992.

• Gaiman, N.: Mitos y leyendas nórdicos. Eichborn 2017.

• Grimm, J.: Mitología alemana. Wiesbaden 2007.

• Hansen, W. (ed.): Beowulf. La epopeya heroica del Norte. Daun 2021.

• Heiberg, J. L.: Mitología nórdica. De la Edda y los

poemas míticos de Oehlenschläger. Hamburgo 2019.

• Heinzle, J: Das Nibelungenlied und die Klage. Según el manuscrito 857 de la Biblioteca Abacial de San Galo. Berlín 2015.

• Heinzle, J.: Los nibelungos. Canción y saga. Darmstadt 2012.

• Heinzle, J.; Klein, K.; Obhof, U. (eds.): Die Nibelungen. Saga, Epopeya, Mito. Wiesbaden 2003.

• Hube, H.-J.: Beowulf. La epopeya heroica anglosajona. Nueva traducción en prosa, texto original, versión en verso rimado. Wiesbaden 2005.

• Hultgård, A.: Ragnarök, ragnarökr. En: Reallexikon der Germanischen Altertumskunde (RGA). Berlín/Nueva York 2003.

• Krause, A. (ed.): Die Edda des Snorri Sturluson. Ditzingen 1997.

• Kristjánsson, J.: Eddas y Sagas. La literatura medieval de Islandia. Hamburgo, 1994.

• Líndal, S.: Una pequeña historia de Islandia. Berlín, 2011.

• Lehnert, M. (ed.): Beowulf. Una epopeya heroica del inglés antiguo. Ditzingen 2004.

• Nikolai, H. G.: Völuspá. En islandés antiguo y alemán. = Revelación del Vidente. Fráncfort del Meno

2008.

• Orel, Vladimir: Manual de Etimología Germánica. Leiden/Boston 2003.

• Ritter-Schaumburg, H.: Die Thidrekssaga oder Didrik von Bern und die Niflungen. St. Goar 1989.

• Schröder, F. R.: Mitos germánicos de la creación I-II. En: Germ.-Roman. Monatsschrift 19. 1931. pp. 1-26, 81-99.

• Simek, R.: Lexikon der germanischen Mythologie. Stuttgart, 1995.

• Simek, R.: Religión y mitología de los alemanes. Darmstadt 2003.

• Simrock, K. (ed.): Die Edda. Die ältere und jüngere nebst den mythischen Erzählungen der Skalda. Stuttgart 1876.

• Tuchtenhagen, R.: Pequeña historia de Suecia. Múnich 2008.

• Von See, K.; u.A.: Comentario sobre los Cantos de la Edda. Cantos de los Dioses. Heidelberg 1997-2004